RÉPONSE

A

LA PO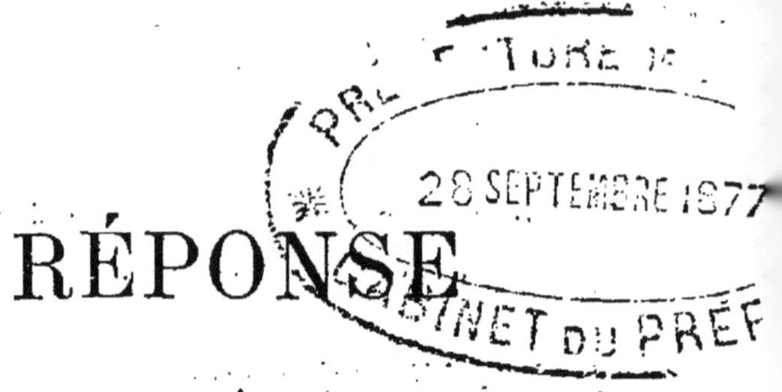IQUE DU MARÉCHAL

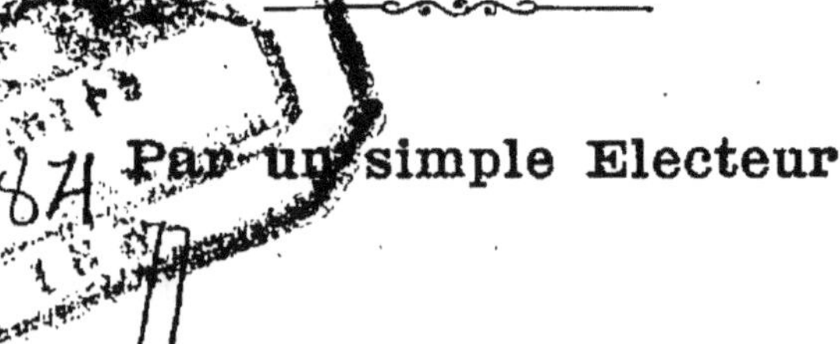

PAIX & TRAVAIL

Par un simple Electeur

PRIX : 5 CENTIMES

SAINT-ÉTIENNE

IMPRIMERIE J. BESSEYRE ET Cie

14, Rue de la République, 14

—

1877

Les candidats républicains dans le département de la Loire sont :

MM. Bertholon,
Crozet-Fourneyron,
P. Richarme,
Chavassieu,
Reymond,
Cherpin,
Brossard,

tous députés sortants, membres de la majorité des 363.

Dans la Haute-Loire, les candidats républicains sont :

MM. Vissaguet,
Guyot-Montpayroux,
Jules Maigne,

députés sortants, membres des 363, et

M. J. de Lagrevol.

RÉPONSE

A

LA POLITIQUE DU MARÉCHAL

PAIX & TRAVAIL

Par un simple Électeur

Depuis quelque temps on répand à foison dans les campagnes une petite brochure portant sur la couverture un portrait du maréchal. Cette brochure a pour titre : « la Politique du maréchal, » et au-dessous du portrait : « Paix et Travail. »

On assure qu'elle a été écrite par un nommé Clément Duvernois, qui a été condamné autrefois à deux ans de prison pour escroquerie. En tous cas l'auteur s'efforce, par des menteries, de nous faire abandonner nos députés républicains pour nommer à leur place les bonapartistes et les royalistes recommandés par les préfets.

On jette cette brochure partout à pleines

mains ; on compte donc beaucoup sur elle. Mais on a, j'imagine, grand tort ; car le plus simple électeur des campagnes ne serait pas embarrassé pour y répondre et pour montrer que tout ce qu'elle dit est faux. — Voyons un peu.

Elle commence par nous dire que *l'ancienne majorité ayant déclaré la guerre au maréchal de Mac-Mahon et au Sénat, le maréchal a dissous la Chambre.*

Or, ce n'est pas vrai. C'est au contraire le maréchal qui, de son mouvement personnel, a renvoyé le ministère de M. Jules Simon lorsque ce ministère avait la confiance de la Chambre. Il l'a renvoyé au moment où personne ne s'y attendait, et sans que la Chambre ait fait la moindre des choses contre le maréchal. Tout le monde sait cela.

C'est de là qu'est venu le conflit.

M. Jules Simon et les autres ministres ont été ensuite remplacés par M. de Broglie et par d'autres monarchistes. De sorte que les républicains de la Chambre, *et à leur tête l'illustre* M. THIERS, ont déclaré, après un examen prolongé, que ces nouveaux ministres étaient UN DANGER POUR L'ORDRE ET POUR LA PAIX EN MÊME TEMPS QU'UNE CAUSE DE TROUBLE POUR LES AFFAIRES ET POUR LES INTÉRÊTS.

Le maréchal de Mac-Mahon prit alors parti pour les ministres condamnés par les députés, et demanda au Sénat de permettre la dissolution de la Chambre. Le Sénat n'osa pas lui refuser, quoique bien des sénateurs n'aient voté pour le ministère que « la mort dans l'âme », suivant les paroles du comte d'Andlau, sénateur lui-même.

Voilà comment on a dissous la Chambre. Et c'est un grand mensonge de prétendre que c'est elle qui a commencé et causé le trouble où le pays se trouve depuis le 15 mai.

La brochure au portrait nous dit ensuite que ceux qui font appel à notre confiance sont : *D'un côté, le maréchal de Mac-Mahon ; de l'autre, l'ancienne majorité et M. Gambetta, son chef.*

Mais ce n'est pas vrai. D'un côté il y a bien M. de Mac-Mahon, *mais non pas seul.* Il y a aussi ses ministres et, avant tout, les candidats que les préfets de ces ministres nous présentent. Ces candidats, nous les connaissons ; ils sont tous royalistes ou bonapartistes et tous cléricaux. C'est-à-dire ennemis de la République. Voilà ce qu'il y a d'un côté.

De l'autre côté, il y a tous les républicains nos anciens députés. M. Gambetta, que la brochure traite de *chef* en voulant donner à entendre qu'il a le droit de commander, M. Gambetta *n'est qu'un parmi eux.* Dans les assemblées républicaines il n'y a de chef que celui qui a raison. Cela arrive souvent à M. Gambetta ; qui s'en plaindra ? Le mal c'est d'avoir un chef qu'on veut nous imposer, même quand il a tort.

Ainsi dans la première page autant de menteries que d'affirmations. Ça promet ! Examinons maintenant le reste chapitre par chapitre.

Le Maréchal

La brochure au portrait nous présente alors le maréchal comme un brave soldat. A cela nous n'avons rien à dire. Certes, M. de Mac-Mahon est un brave soldat mais grâce à Dieu, il n'y a rien d'extraordinaire à cela en France. On en pourrait dire autant de tous nos officiers et de tous nos soldats.

Ce n'est donc pas là une raison suffisante pour nous livrer en aveugle à M. le maréchal.

Napoléon le Ier était aussi brave et plus grand capitaine. Il a été victorieux pendant quinze ans. Mais à la fin la toute puissance du pouvoir personnel l'a perdu, et la France avec lui.

De sorte qu'après avoir raconté sa vie, ses victoires et ses désastres, l'illustre M' Thiers en a tiré cet enseignement mémorable : C'EST QU'IL NE FAUT JAMAIS LIVRER LA PATRIE A UN HOMME, N'IMPORTE L'HOMME, N'IMPORTENT LES CIRCONSTANCES.

Laissons donc la personne de M. le maréchal là où la Constitution l'a placée, c'est-à-dire en dehors de l'action politique personnelle. Voyons plutôt ce que sont les ministres, MM. de Broglie et de Fourtou, ainsi que les gens qu'ils nous offrent pour candidats à la Chambre, c'est-à-dire, si nous en faisions des députés pour diriger les affaires du pays. Car aussi bien c'est un nouveau mensonge de la brochure de nous présenter M. de Mac-Mahon comme étant le gouvernement à lui tout seul, alors qu'il ne peut rien faire sans les ministres et sans les Chambres.

La brochure nous dit donc que c'est une plaisanterie de prétendre que le gouvernement du 16 mai soit clérical.

Nous le voudrions bien.

Cependant, souvenons-nous un peu. Il y a quelques mois, sur un mot d'ordre envoyé de Rome, on s'efforçait d'agiter la France par des mandements d'évêques, par de violents articles des journaux cléricaux, par des pétitions en faveur du pape et contre l'Italie.

La Chambre ayant voté le 4 mai un ordre du jour contre ces menées, ceux des ministres d'aujourd'hui qui étaient députés alors ont voté contre cet ordre du jour, c'est-à-dire en faveur des cléricaux. Et tous les députés de ce temps là que le gouvernement présente aujourd'hui de nouveau aux électeurs comme candidats officiels, ont fait de même.

Conséquence facile à tirer : le gouvernement doit être favorable aux cléricaux.

Donc, alors même que le maréchal ne serait pas clérical comme l'affirme la brochure, ses ministres et ses candidats le sont. Si nous nommions ces derniers, nous risquerions gros d'être sous l'empire des cléricaux. Jugez de ce que ce serait par le refus de l'archevêque de Paris de célébrer les obsèques de l'illustre M. Thiers à l'église de la Madeleine !

On peut en dire autant des dangers de guerre.

La brochure nous dit que le maréchal ne la veut pas. Nous le croyons bien. Mais pourrait-il l'empêcher si nous nommions des députés cléricaux qui feraient tout leur possible pour nous lancer dans des discussions avec l'Italie et l'Allemagne qui est derrière elle ?

En 1870 la guerre funeste contre la Prusse a été amenée par une frivole discussion au sujet d'un petit prince allemand qu'on voulait faire roi d'Espagne. Nous nous en souvenons ! Aussi la prudence nous commande de ne pas nommer les candidats officiels et cléricaux.

La brochure prétend aussi que c'est le maréchal qui, il y a deux ans, nous a préservés de la guerre. Nous n'en avons rien su ; la brochure le dit fort à propos. Mais des gens bien instruits nous ont au contraire assuré que l'illustre M. Thiers fit beaucoup alors pour maintenir la paix.

Cependant si même le maréchal y a contribué, sans que nous le sachions, ce qui est bien possible après tout, il est clair

qu'il lui sera plus facile de réussir à gar-
der la paix dans l'avenir si nous ne nom-
mons pas des députés cléricaux qui seraient
tentés de chercher querelle à l'Italie.

L'ancienne Majorité

L'auteur de la brochure ne dit que du
mal de la Chambre dissoute ; mais autant
de paroles autant de mensonges.

Il l'accuse d'avoir *passé son temps à cas-
ser des élections comme si elle avait voulu
faire croire à l'Europe que le suffrage universel ne sait pas ce qu'il fait.*

Si elle a cassé quelques élections, c'est
que les préfets monarchistes d'alors s'é-
taient livrés à des manœuvres électorales
coupables. Elle a voulu protéger le suffrage
universel contre les abus des préfets. Rien
de plus nécessaire.

Mais loin d'avoir *passé son temps* à cela,
la Chambre n'y a consacré que quelques
jours.

Elle a voté la loi qui donne aux conseils
municipaux le droit de nommer les maires.

Elle a réduit l'impôt sur le sel.

Elle a fait des économies dans le budget
qui lui ont permis de voter de l'argent,
sans nouveaux impôts, pour développer
l'instruction publique, chose si importante
aujourd'hui.

Elle a discuté avec un soin *qu'on n'avait
jamais mis jusqu'ici* toutes les dépenses
publiques; ce qui exige un travail énorme.

Elle a ainsi découvert nombre d'abus
qu'elle a fait disparaître.

Elle allait voter de nouvelles réductions
d'impôts et de nouvelles lois qui étaient
toutes prêtes, sur nos conseils municipaux,
sur les chemins de fer et sur bien d'autres

choses utiles lorsque la dissolution est venue. En un mot, elle était digne de l'éloge qu'en a fait le président Grévy, lorsqu'il a déclaré, à la face de l'Europe, qu'elle n'avait pas cessé un seul jour de bien mériter de la France et de la République.

La brochure se garde bien de parler de toutes ces choses. La brochure aime mieux calomnier M. Gambetta et puis le présenter comme le chef de la majorité devant exercer un pouvoir personnel si nous nommions nos anciens députés républicains.

Nous avons déjà dit que la majorité républicaine n'avait de chef que celui de ses membres qui avait le plus raison ; M. Gambetta tout comme un autre, quand il donne le meilleur avis. Pourquoi nommons-nous *cinq cents députés ?* C'est pour qu'ils décident, après mûre discussion, quel est le meilleur avis. Et c'est pour être sûrs que les députés ne seront pas les complaisants serviles du gouvernement, comme sous l'empire en 1870, que nous ne nommerons pas les candidats officiels.

La brochure ose ensuite invoquer l'opinion de l'Europe contre les républicains et M. Gambetta.

La brochure croit sans doute que nous ignorons ce qui se passe. Elle se trompe. Nous savons que tous les grands journaux d'Europe sont contre les ministres du 16 mai et pour les républicains. M. de Saint-Vallier, l'ancien ambassadeur de M. Thiers pour négocier la paix, nous a dit en outre que tous les hommes d'Etat d'Europe pensent de même. Et certes, M. de Saint-Vallier, ministre plénipotentiaire, en sait plus long la dessus que la petite brochure au portrait !

Comparons un peu

C'est toujours *le maréchal tout seul* que le pamphlétaire veut à toute force comparer à *M. Gambetta tout seul.*

Puis il se met à débiter des mensonges contre M. Gambetta.

Ainsi il prétend que M. Gambetta a prêché la guerre. Ça n'est pas vrai. Il a au contraire tout fait pour l'empêcher. En 1870, il a appuyé de toutes ses forces dans le Corps législatif l'illustre M. Thiers qui s'opposait à la guerre.

Les bonapartistes cependant qui sont maintenant candidats officiels, étouffaient la voix de M. Thiers et votaient pour la guerre désastreuse.

Après la chute de l'empire et la trahison de Bazaine, M. Gambetta a défendu de son mieux la France contre l'invasion amenée par les bonapartistes.

Il a fait son devoir. Il a au moins sauvé l'honneur.

Il n'est pas vrai non plus que M. Gambetta veuille *tout changer à tort et à travers.* Ce qu'il veut, c'est que les représentants librement élus par le pays gouvernent la France. Rien n'est plus juste ni plus conservateur.

Voila les faussetés que l'auteur de la brochure dit sur M. Gambetta.

Mais il est faux, cent fois faux que nous ayons à choisir entre *le maréchal tout seul* et *M. Gambetta tout seul.*

Nous avons à choisir, d'une part, entre les ministres du 16 mai soutenus par les cléricaux, les royalistes et les bonapartistes qu'ils nous recommandent de nommer députés, et, d'autre part, nos anciens représentants républicains.

Encore une fois M. de Mac-Mahon tout seul ne peut rien.

Or, si nous nommions les candidats officiels, nous ne ferions pas ce que dit l'auteur de la brochure, nous *n'entourerions pas le maréchal d'hommes capables qui aiment le progrès, mais qui savent que la prudence est la première vertu qu'on demande à un mandataire.*

Au contraire, nous lui enverrions des royalistes et des bonapartistes qui commenceraient par se disputer le pouvoir et par comploter le renversement de la République ; et aussi des cléricaux qui nous ont montré qu'ils *n'avaient aucune prudence* puisqu'ils se sont livrés à des agitations contre l'Italie si dangereuses pour la paix, si susceptibles de nous entraîner dans la guerre !

Ce qui arrivera si les élections sont républicaines

Le pamphlétaire appelle *hostiles* les élections qui enverraient à la Chambre les 363 anciens députés républicains dont l'illustre M. Thiers était le chef !

Cela prouve qu'il est l'ennemi de la République.

Nous appelons, nous, ces élections là, des élections républicaines.

L'auteur de la brochure nous dit de plus que si les élections sont républicaines, *les pouvoirs publics, au lieu de s'accorder pour faire nos affaires, passeront leur temps à lutter entre eux.*

C'est faux, toujours faux.

Quand la France aura parlé dans les élections tous les pouvoirs publics seront d'accord, pour obéir à la volonté nationale.

En douter serait faire injure au maréchal qui a écrit ceci *dans son message officiel : Quand un désaccord existe entre les pouvoirs publics, la dissolution est le moyen prévu par la Constitution elle-même pour y mettre un terme.*

M. de Fourtou et les autres ministres paraissent avoir, depuis lors, pris sur son esprit une funeste influence. Ils lui ont conseillé de signer son manifeste 'electoral où il semble contredire les paroles de son message. Leur but est probablement d'intimider les électeurs.

Après que la France aura fait connaître sa volonté, M. de Mac-Mahon reviendra sans doute à son premier sentiment et obéira à la France. Car c'est son devoir constitutionnel.

Mais ce serait surtout faire injure au Sénat de croire qu'il se prêterait à une résistance à la volonté nationale. Car les sénateurs savent bien que c'est au suffrage universel, c'est à la France que doit appartenir le dernier mot.

Autrement la France ne serait pas un pays libre, mais un pays d'esclaves dont on se moquerait en leur demandant de nommer des députés pour rire et dont la volonté serait l'objet du mépris.

Vraiment le pamphlétaire rend bien mauvais service au *maréchal* et au *Sénat* en leur prêtant gratuitement de si méchants projets et si peu patriotiques. Voilà où conduit la rage de mentir pour faire réussir ses candidats !

Il nous parle ensuite du retour *de la Commune à bref délai,* comme un résultat de l'élection des hommes qui avaient pour chef l'illustre M. Thiers, le vainqueur de la Commune, et dont le plus grand nombre ont eux-mêmes combattu la Commune comme membres de l'Assemblée nationale ! .

Comment croire pareille menterie ?

Comment croire aussi l'auteur de la brochure quand il écrit à propos du triomphe des républicains : *à l'extérieur ce sera certainement la guerre, car les autres gouvernements ne se soucient pas qu'on donne de mauvais conseils à leurs peuples !*

Nous savons par M. de Saint-Vallier, l'ambassadeur de M. Thiers et par les journaux étrangers, que toutes les puissances de l'Europe sont au contraire pleines de sympathie pour les républicains et pleines de méfiance pour le ministère du 16 mai, pour les candidats officiels qu'il nous offre. La chose est tellement sure que le *Figaro*, journal des ministres, a été obligé de l'avouer lui-même.

La vérité est que des élections républicaines rétabliront la confiance ébranlée par l'arrivée au pouvoir de ministres royalistes, bonapartistes et cléricaux.

La réélection des 363 raffermira la Constitution et la République, écartera les troubles qui viendraient inévitablement à la suite de l'élection de candidats royalistes et bonapartistes ennemis les uns des autres, assurera enfin le maintien de la paix.

Tout le monde comprend en effet que les républicains peuvent seuls vouloir la République sincèrement. Tout le monde sait que sans la République nous aurions la guerre civile entre les prétendants royaliste et bonapartiste. Tout le monde a appris enfin par l'expérience de 1870 que les monarchies font la guerre facilement sans raison, mais que les républicains s'y opposent tant qu'ils peuvent.

Les grandes puissances de l'Europe le savent mieux que personne, et c'est pour cela qu'elles ont si vivement condamné le ministère du 16 mai qui est composé d'adversaires de la République.

Donc, l'auteur de la brochure a dit encore une chose fausse quand il a écrit ceci : *Trois ans de troubles pour commencer ; la Commune et la guerre pour finir : voilà ce que nous vaudraient des élections hostiles au maréchal.*

Remarquons encore une fois qu'il affecte de dire *hostiles au maréchal* alors qu'il veut dire « républicaines ».

Il prête d'ailleurs au maréchal toute espèce de choses dont il ne sait sans doute pas le premier mot.

Il affirme, par exemple, que le maréchal ne s'en ira pas avant 1880. Qu'en sait-il ? Le maréchal semble ne pas comprendre l'intérêt du pays de la même manière que le pays et ses députés librement élus. Si le pays persiste dans sa manière de voir, comme il le fera certainement puisque c'est lui qui a raison, le maréchal peut fort bien ne pas vouloir continuer à présider à une politique qu'il croit mauvaise. Ça c'est son affaire. Il en jugera tout seul. Et la Constitution prévoit qu'il puisse donner sa démission. Dans ce cas la Chambre et le Sénat, réunis en Assemblée nationale, nommeraient son successeur.

La brochure nous dit que M. Gambetta parlait de l'illustre M. Thiers pour succéder au besoin au maréchal, parce qu'il savait bien que M. Thiers n'aurait pas la majorité parmi les 363.

Voilà qui est encore faux.

La preuve que c'est faux, c'est que depuis la mort de l'illustre homme d'État, M. Gambetta est le premier à indiquer M. Grévy, l'ancien président de l'Assemblée nationale et de la Chambre comme le futur président de la République, si M. de Mac-Mahon donnait sa démission après les élections.

Ce qui arrivera si la Chambre est réactionnaire

Naturellement, l'auteur de la brochure met « conservatrice » là où nous mettrions réactionnaire ou bien monarchiste.

Puis il fait semblant de croire que nous n'avons pas de gouvernement définitif et il dit : *Puisque chacun a son idée sur le gouvernement définitif et que le maréchal est là pour trois ans, mettons-nous d'accord pour vivre pendant ce tempsl-à. Après trois ans de calme, nous serons plus près de nous entendre.*

Cela seul montrerait le bout de l'oreille royaliste ou bonapartiste.

Car la République est tout à fait définitive. Pendant trois ans encore, M. de Mac-Mahon sera président, à moins qu'il ne meure ou ne donne sa démission avant 1880.

Après lui les Chambres en nommeront un autre tout comme nous nommerons nous-mêmes un député. Et ainsi de suite pour toujours.

Le seul moyen de mettre en danger ce gouvernement définitif ce serait de nommer les royalistes et les bonapartistes que les préfets nous recommandent comme candidats officiels.

Car aussitôt, nommés, ils tâcheraient de renverser la Constitution à leur profit. Ce qui amènerait de grands troubles dans le pays.

Le seul moyen de conserver le calme et la tranquillité, c'est de nommer les députés républicains qui sont d'accord pour conserver la République. Nous l'avons bien vu, car jusqu'au moment où on les a renvoyés, le pays était fort tranquille, et ce n'est que depuis le 16 mai que nous sommes inquiétés et tracassés et que les affaires ne vont pas.

En résumé :

Nous avons à choisir, dit la brochure, *entre trois ans de troubles et trois ans de calme* ; cela est vrai, mais nous choisirions les troubles si nous suivions le conseil de l'auteur de la brochure et si nous nommions les candidats officiels qu'il appelle les candidats du maréchal. Car ces candidats royalistes et bonapartistes ne sont d'accord sur rien, que sur la haine de la République.

Nous choisirons, au contraire, les trois ans de calme en nommant les républicains. Non-seulement nous choisirons les trois ans de calme, mais nous l'assurerons pour toujours puisque nous conserverons la République qui peut, seule, nous garantir la tranquillité au dedans et la paix au dehors. La République, en effet, est le gouvernement qui nous divise le moins, suivant une très célèbre expression de l'illustre M. Thiers.

Nous ferons donc juste le contraire de ce que la brochure nous recommande.

Nous voterons pour nos anciens députés républicains.

SIMON LEFRANÇAIS.

Pour copie conforme : DUCHÉ.

Vu : BROSSARD.

St Étienne, imp. J. Besseyre & Cie, rue de la République 14.